Ficción realista

Pregunta esencial
¿Qué nos puede hacer cambiar de idea?

Nuestra obra de teatro

Ángela María Pérez Beltrán
ilustrado por Gail Piazza

Capítulo 1
La propuesta de la maestra

La escuela primaria Nuevos Horizontes tiene salones con excelente iluminación y muebles apropiados para el trabajo en equipo. También hay laboratorios de química y física, y una biblioteca con gran variedad de libros. Además hay un gimnasio y un auditorio, espacios de mucha actividad. Los jardines están bien cuidados y allí se reúnen los estudiantes en el recreo.

Se dice en los corredores que los estudiantes de quinto grado tienen muy buenas ideas. A sus maestros les gusta que ellos apliquen lo que estudian en clase. Por ejemplo, en la clase de Estudios Sociales, analizan hechos de actualidad; así pueden entender mejor las noticias de los diarios o las conversaciones de sus padres.

Un día, la maestra de Estudios Sociales les propuso a los estudiantes de quinto grado organizar una obra de teatro. Les dijo que la situación que interpretarían sería delicada. Cuando los estudiantes oyeron esto se miraron entre sí preguntándose qué tipo de obra podría ser. La maestra les explicó que representarían un misterio que deberían resolver en equipo.

Luego, les mostró una bolsa de color rojo que contenía papeletas con los personajes de la obra: juez, abogado defensor, fiscal y miembro del jurado, entre otros. Cada estudiante sacaría una papeleta y ese sería su personaje. Rocío, una de las niñas, sacó la papeleta que decía "María Elena, Sospechosa".

—La valiosa colección de sellos del señor Manuel Otero desapareció inexplicablemente. María Elena es la única persona que va a la casa del señor Otero, por eso es la principal sospechosa —dijo la maestra con suspenso—. Tienen un mes para preparar su obra de teatro. Además, el público debe ayudar con la solución del caso.

Los ojos de los estudiantes se iluminaron y desde ese momento se dedicaron a preparar la obra de teatro.

Capítulo 2

Los ensayos para la puesta en escena

Los estudiantes se reunieron para proponer sus ideas. Todos estaban tan emocionados que no se escuchaban unos a otros: todos hablaban a la vez.

Uno propuso que la trama se desarrollara en una prisión; otro, que fuera en la corte y que el fiscal presentara la acusación. Una de las niñas dijo que quería que hubiera un fugitivo en la trama, y otra que debería haber un detective, que resolviera el misterio después de una ardua investigación y análisis.

Mientras tanto, Takeshi intentaba tomar notas. Ante semejante lluvia de ideas, Takeshi propuso hacer grupos para organizarse mejor. Cada grupo expondría sus propuestas y se escogería la mejor, o las mejores.

Al día siguiente se reunieron en el jardín de la escuela. Takeshi le dio la palabra a cada grupo, el último fue el de Tom, Rocío y Bianca. Tom dijo:

—Con mis compañeras consideramos que en la obra debe verse reflejada la Justicia. Algunas escenas se desarrollarán en la corte, o tribunal. Quien defiende a María Elena, el abogado defensor, la ayudará a probar su inocencia mediante pruebas, o evidencias. Él debe averiguar muy bien qué ha pasado. Otras escenas transcurrirán en la casa del señor Otero.

Todos aplaudieron y decidieron que esta trama podría funcionar. El grupo de Tom escribiría la obra de teatro y otro grupo haría las veces de director al organizar a los actores. Otro elaboraría la escenografía.

A los pocos días se reunieron para escuchar el libreto. La lectura se hizo un tanto dramatizada y a todos les agradó la idea. Luego, cada estudiante fue a preparar su papel para la obra.

Ese día determinaron, además, que de miércoles a sábado ensayarían en el gimnasio y que nadie contaría en qué consistía la trama, para mantener la sorpresa.

Capítulo 3

La función ante el público

Los maestros, padres, familiares y amigos de los estudiantes llegaron al auditorio el día esperado. La función empezó con puntualidad.

Bianca estaba vestida como la Justicia y dijo desde el escenario:

—Esta obra tiene un misterio que debe ser resuelto. Quien del público tenga la respuesta obtendrá un premio sorpresa.

<u>Dos estudiantes repartieron papel y lápices</u>. Antes de la última escena, recogerían las respuestas al misterio.

¡Se abrió el telón! En el escenario estaba uno de los niños representando al señor Otero. Estaba sentado leyendo el diario y, a sus pies, su perro batía la cola.

—¡Qué noticias tan terribles trae este periódico! —Se le oyó exclamar de repente—. ¡Una colección de cuadros famosos ha desaparecido!

El perro acercó su hocico al periódico que estaba leyendo el señor Otero.

—Tendré que poner mis tesoros en una caja fuerte —dijo dirigiéndose al perro.

Detective del lenguaje	**En el texto subrayado, ¿cuál es el predicado?**

En esos momentos, la señora Otero llegó y le comentó a su esposo:

—Hablé con la vecina y su hermana María Elena vendrá a ayudarme a hacer las galletas. Ella estudia en la universidad y pertenece a la fundación que recauda fondos para la escuela.

—¡Qué bueno! Así recaudarás más fondos para la escuela donde estudian nuestros nietos.

En ese momento llamaron a la puerta y Rocío salió al escenario vestida de María Elena. María Elena y el señor Otero se saludaron. Paco la recibió moviendo su cola con evidente alegría.

Pasaron varios días y María Elena le ayudaba con gusto a la señora Otero. Hasta que... un domingo, el señor Otero gritó horrorizado.

—Manuel, ¿qué te pasó? ¿Estás bien? —le preguntó con angustia la señora Otero.

—Quería tener mis tesoros listos para la visita de nuestros nietos —respondió el señor Otero mientras tartamudeaba y miraba horrorizado para todas partes.

—¿Tesoros? —preguntó intrigada la señora Otero.

—¡Los sellos!... Pero, no aparece la cajita donde los tenía guardados. ¡No está! ¡Desaparecieron mis tesoros!

—Cálmate, no te preocupes. Todo se resolverá.

—Solo estamos nosotros en esta casa... ¡La noticia del diario! —exclamó con astucia—. Pero... no he visto nada extraño. O... ¡María Elena! Ella es la única persona ajena que ha entrado aquí. ¡Ella es la única!

—¡Cómo se te ocurre pensar eso! Ella es muy honesta, colaboradora y gentil, así que no digas esas cosas.

Al día siguiente, el señor Otero abordó a María Elena y le contó sobre la desaparición de sus sellos recalcándole que ningún extraño había entrado en la casa, excepto ella. María Elena se turbó mucho y empezó a temblar. La noticia la tomó por sorpresa y se sintió mal por ser señalada como sospechosa.

Detective del lenguaje	**En la oración subrayada, identifica el sujeto y el predicado.**

¡María Elena y el señor Otero irían a juicio para solucionar todo ante un juez! Los dos hablaron con sus respectivos abogados para que los representaran en el juicio, que se iniciaría por la extraña desaparición de los sellos del señor Otero.

El día del juicio llegó. En la corte estaban el juez, el fiscal, los oficiales de policía, los miembros del jurado, el abogado defensor, el señor Otero y María Elena.

El abogado defensor llamó a María Elena al estrado.

—Cuéntenos, señorita, ¿qué hace en la casa de los señores Otero? —le preguntó a María Elena.

—Ayudo a la señora Otero —respondió María Elena—. Desde hace dos semanas voy todas las tardes y la ayudo a hacer galletas para recaudar fondos.

—¿Cómo le parece el señor Otero?

—Suele discutir solo. Podría decir que es... gruñón. A veces es amable, aunque no lo ha sido conmigo en esta ocasión: me acusa injustamente. Por otra parte, su perro, Paco, es muy lindo; le gusta mucho jugar en el jardín.

—Estimado público —anunció la Justicia—, he aquí la declaración de la única sospechosa. Tendremos un intermedio de quince minutos, en el que podrán pensar en el misterio. Cuando regresen, se recogerán los papeles con la solución al misterio.

Capítulo 4
Se descubre el misterio

Después del intermedio, el público regresó presuroso a sus sillas, pues esperaba con gran ansiedad la solución del misterio. La Justicia anunció:

—Los encargados recogerán sus papeles con la solución y después revisarán las respuestas.

Se dio inicio a la segunda parte de la obra:

—Entra su Señoría, el honorable juez Takeshi —dijo con solemnidad un oficial de policía.

Takeshi entró a la sala con expresión severa y todos los presentes se pusieron en pie. Takeshi les dio la orden de sentarse. Entre tanto, la Justicia alzó su brazo derecho. En la mano sostenía una reluciente balanza. En seguida, puso los platillos en perfecto equilibrio. Puso un objeto en el platillo con el nombre de María Elena. La balanza se inclinó a su favor.

—Abogado del señor Manuel Otero, tiene la palabra —ordenó el juez.

—El señor Manuel Otero es un gran ciudadano; ha hecho mucho por nuestra ciudad —inició el fiscal, es decir, el abogado que defendía los intereses del señor Otero—. Como ingeniero, diseñó y construyó carreteras y puentes que todavía usamos. También ha colaborado en diferentes actividades de la escuela primaria Nuevos Horizontes. Es un hombre muy generoso, tranquilo y honesto, mejor dicho, es un ejemplo a seguir.

La Justicia de manera solemne puso un objeto en el platillo con el nombre del señor Otero. La balanza se equilibró.

—Señor fiscal, por favor, vaya al grano —enfatizó el juez.

—¡Sí, su Señoría! Cuando era niño el señor Otero recibió de su padre la colección de sellos que era, a su vez, herencia del padre de este último. Es decir, herencia del abuelo del señor Otero. Dicha colección tiene sellos únicos, famosos y algunos tienen gran valor comercial.

—Continúe, señor fiscal, pero con más precisión.

—¡Sí, su Señoría! Esta colección de gran valor sentimental y económico desapareció el domingo pasado. El señor Otero vio por última vez la caja de sellos poco antes de que María Elena entrara a la casa hace aproximadamente dos semanas. Como saben, el señor Otero contrató un detective antes de que llegáramos a este escenario. Según la investigación del detective, ninguna puerta ni ventana de la casa fue forzada. No hay evidencia de que alguien extraño haya entrado. Además, la única persona que los visitó por esos días fue María Elena. Por lo tanto, su Señoría...

La Justicia puso otro objeto en el platillo con el nombre del señor Otero. La balanza se inclinó a su favor.

—No se adelante, señor fiscal —lo interrumpió el juez—. Aún falta la intervención del abogado defensor. Señor abogado defensor, ¡prosiga usted!

—Su Señoría, solicito su permiso para leer la investigación que realizaron los oficiales de policía, después de la denuncia de la desaparición de los sellos. En este documento están registradas las evidencias del caso.

—Adelante —respondió el juez.

El abogado defensor empezó a leer el informe:

—La señorita María Elena ayudaba a la señora Otero a recaudar fondos para la escuela. Este hecho indica qué clase de persona es —el abogado defensor interrumpió la lectura para hacer esta aclaración.

La Justicia puso otro objeto en el platillo con el nombre de María Elena, y la balanza se equilibró.

—Como bien dijo el señor fiscal pocos minutos antes —continuó el abogado defensor—, ninguna ventana ni puerta fue forzada. Por ello, se podría concluir precipitadamente que alguien de confianza cometió el delito.

Detective del lenguaje	**Identifica la función de los dos puntos en la oración subrayada.**

La corte estaba a la espera de lo que diría el abogado defensor.

—Uno de los oficiales de policía —continuó— notó que en una de las alfombras había una mínima cantidad de tierra, algo común cuando hay perros en casa. Lo curioso es que esa cantidad de tierra estaba justo en el lugar donde el señor Otero guardaba su valiosa caja de sellos. Tras ese hallazgo, se pidió la orden judicial para revisar el jardín de la casa. Paco, el perro, estaba muy inquieto. Iba de un lado a otro. Sin embargo, los oficiales no encontraron evidencia alguna. Por su parte, el señor Otero, al sentir que alguien podía entrar en su casa, decidió poner cámaras en su jardín. Aquí traigo uno de los videos. Si su Señoría lo permite, lo veremos todos.

El video empezó a rodar: Paco, el perro del señor Otero, salía al jardín con un objeto en su hocico, cavaba un hueco en la tierra, enterraba el objeto y luego regresaba a la casa.

El señor Otero se ruborizó.

—Su Señoría —continuó el abogado defensor—, una orden judicial fue solicitada esta mañana para extraer los objetos enterrados por Paco en el jardín.

De repente, un oficial de policía ingresó con la caja de sellos del señor Otero en la mano.

—¡Paco! —exclamó el señor Otero.

—¡Orden en la sala! —dictó el juez Takeshi.

El jurado fue a deliberar mientras la Justicia ponía de nuevo la balanza en equilibrio. Posteriormente, el jurado entregó el veredicto al juez:

—La sospechosa María Elena es inocente. El perro Paco es el culpable. ¡Caso cerrado! —concluyó el juez con un martillazo.

—Es necesario esperar las pruebas para tomar una decisión acertada —dijo la Justicia—. La señora Berta Rojas, en el público, descubrió el misterio de nuestra obra de teatro y el premio por su hazaña es un libro de cuentos de misterio.

El público aplaudió. Los niños se sintieron muy contentos por lo que habían hecho y la maestra de Estudios Sociales estuvo muy orgullosa de ellos.

Resumir

Usa los detalles importantes de *Nuestra obra de teatro* para resumir el cuento. Usa el organizador gráfico como ayuda.

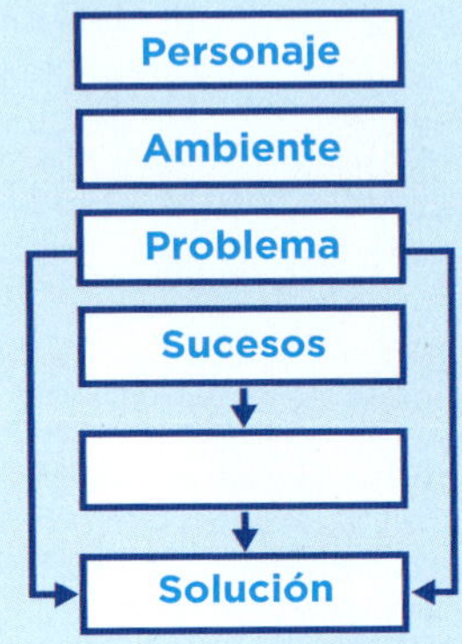

Evidencia en el texto

1. ¿Cómo sabes que *Nuestra obra de teatro* es un cuento de ficción realista? Identifica dos características que lo indiquen. **GÉNERO**

2. Identifica el problema que tiene María Elena. ¿Cómo se soluciona? **PROBLEMA Y SOLUCIÓN**

3. En la página 11 aparece el siguiente modismo: "vaya al grano". ¿Qué significa? **MODISMOS**

4. El señor Otero cambió de idea con respecto a María Elena. Escribe un texto en el que él explique las razones que lo llevaron a este cambio. **ESCRIBIR SOBRE LA LECTURA**

Género **Texto expositivo**

Compara los textos

Lee acerca de las importantes labores que realizan los jurados en las cortes.

Los jurados

Todas las personas que tengan edad de votar pueden ser elegidas para formar parte de un jurado.

¿Por qué los eligen? ¿Qué deben hacer?

Los jurados se establecieron para garantizar que los juicios fueran justos. Como recordarás, en la época de las colonias, algunos ingleses no solían ser muy justos. Muchas veces obraban según su parecer. No seguían las leyes. Sin una orden judicial podían registrar tu casa. Sin pruebas suficientes podían acusarte de algún delito.

También se saltaban procedimientos en los juicios.

La Sexta Enmienda de la Declaración de Derechos garantiza que todo ciudadano estadounidense tiene derecho a ser juzgado por un jurado compuesto por otros ciudadanos.

National Archives and Records Administration

Como el juez era inglés, se preocupaba más por defender los intereses del rey que los de los colonos. Era común que el acusado no tuviera la oportunidad de defenderse y fuera condenado injustamente.

Para evitar esto, en Estados Unidos el jurado es seleccionado entre los ciudadanos. Si los ciudadanos escuchan el juicio y toman las decisiones, habrá más justicia y participación. Además, el veredicto, o resolución final, no queda en manos de una sola persona.

¿Te imaginas que una sola persona decidiera si alguien es culpable o no, y diera la sentencia? Es demasiada responsabilidad para un solo individuo.

El número de miembros de un jurado varía entre 6 y 12 personas. La cantidad depende del estado donde se realice el juicio y de la gravedad del presunto delito. También puede variar la decisión final: puede ser tomada por unanimidad o por mayoría. Por unanimidad quiere decir que todos los miembros del jurado están de acuerdo.

Una vez el jurado se reúne, el juez les explica en qué consiste el juicio. En este momento, la persona elegida a ser parte del jurado puede negarse a serlo, si los hechos cometidos por el acusado lo afectan en su moral o en sus principios. En ese caso, queda inhabilitado.

Jeff Cadge/The Image Bank/Getty Images

El jurado escucha con atención la evidencia presentada por los abogados.

El juez también les explica que no pueden suponer si alguien es culpable o no. Deben atender a las pruebas presentadas y a lo que dicen los abogados, el fiscal y los testigos.

Una vez presentados todos los hechos, los miembros del jurado se reúnen para debatir su punto de vista. Deben estar de acuerdo para tomar la decisión. Finalmente, le dan su veredicto al juez, quien lo lee e impone la sentencia, o castigo.

Si a tus padres les llega una citación para integrar un jurado, hazles ver lo importante que es su labor y cuán grande es su responsabilidad. Recuérdales que primero deben oír a las partes y estudiar las pruebas antes de tomar una decisión. ¡Una decisión nunca se toma sin tener en cuenta los hechos!

Los jurados examinan las pruebas de manera imparcial y deciden el veredicto. Luego se lo comunican al juez.

Haz conexiones

¿Cuáles son las principales funciones de un jurado?
PREGUNTA ESENCIAL

Si hubieras sido parte del jurado en el caso de María Elena, ¿qué pruebas hubieras tenido en cuenta?
EL TEXTO Y OTROS TEXTOS

Enfoque:
Elementos literarios

Diálogos Los diálogos se utilizan para presentar las intervenciones de los personajes de forma directa. Además pueden ayudar a definir el carácter de los personajes y su estado de ánimo. En estos pueden participar dos o más personajes. En un texto narrativo los puedes identificar porque están marcados con rayas de diálogo.

Lee y descubre La manera más sencilla de saber quién está hablando es fijándose en las rayas de diálogo y en la conjugación del verbo *decir*: "—Entra su Señoría, el honorable juez Takeshi —dijo con solemnidad un oficial de policía" (pág. 10).

El uso de diferentes verbos en los diálogos hace evidente el estado de ánimo o la manera en que el personaje está hablando: "—¡Qué noticias tan terribles trae este periódico! —Se le oyó exclamar de repente" (pág. 6).

Tu turno

Imagina que eres el abogado defensor de un importante caso en un cuento. Piensa en dos sucesos del caso y en tu reacción. Escribe un diálogo corto para cada uno de los sucesos y únelos para formar un cuento. Dale un título a tu cuento y léelo a tus compañeros de clase.